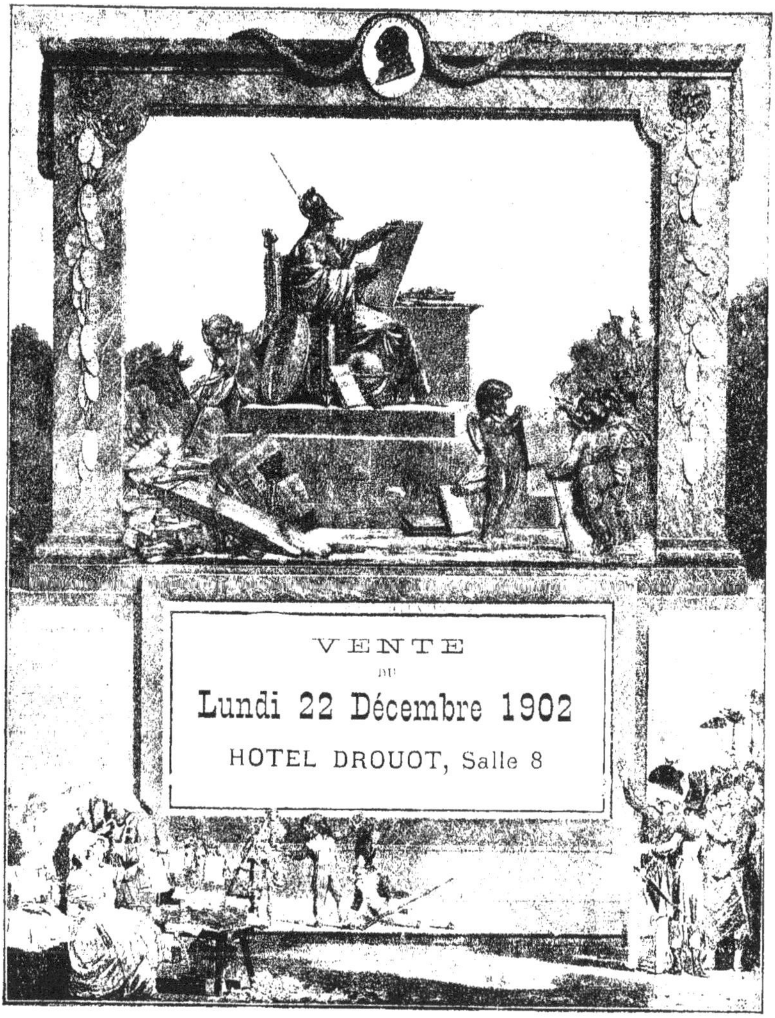

VENTE
DU
Lundi 22 Décembre 1902
HOTEL DROUOT, Salle 8

CATALOGUE

D'ESTAMPES

DES

Écoles Française et Anglaise

DU XVIIIe SIÈCLE

La plupart imprimées en couleurs

PROVENANT DE LA

Collection de M. le Comte de L...

ET DE

TABLEAUX MODERNES

AQUARELLES — DESSINS

PAR

ALONSO PEREZ, BONVIN, BOULANGER, CHRÉTIEN, DELPY
DESCHAMPS, DULUARD, JAPY, MADELEINE LEMAIRE, PASINI, PICARD, SISLEY
VAYSON, VEYRASSAT, VOGLER, ETC.

Appartenant à divers

DONT LA VENTE AURA LIEU A PARIS

HOTEL DROUOT, SALLE N° 8

Le Lundi 22 Décembre 1902

à 2 heures précises

Par le ministère de Me **PAUL CHEVALLIER,** commissaire-priseur
10, rue Grange-Batelière, 10

Assisté de :

M. GEORGES PETIT | **M. LOYS DELTEIL**
EXPERT | ARTISTE GRAVEUR, EXPERT
12, rue Godot-de-Mauroi, 12 | 22, rue des Bons-Enfants, 22

EXPOSITION

POUR LES TABLEAUX : le Dimanche 21 décembre 1902, de 1 h. 1/2 à 5 h. 1/2.

CONDITIONS DE LA VENTE

Elle sera faite au comptant.

Les acquéreurs paieront *dix pour cent* en sus des prix d'adjudication.

MM. GEORGES PETIT et LOYS DELTEIL rempliront les commissions que voudront bien leur confier les amateurs ne pouvant y assister ; ils se réservent, en outre, la faculté de diviser ou de rassembler les lots.

MM. les amateurs pourront visiter la collection chez M. Loys Delteil, *22, rue des Bons-Enfants, du mardi 16 au vendredi 19 Décembre*, de 10 heures à 4 heures.

Paris. — Imp. Georges Petit, 12, rue Godot-de-Mauroi. — 12005-09.

DÉSIGNATION

ESTAMPES

Aubry (D'après ÉTIENNE)

1 — Première leçon d'amitié fraternelle, par N. de LAUNAY.
Belle épreuve, coloriée.

Benazech et Pellegrini (D'après)

2 — La Séparation de Louis XVI de sa famille. — Louis XVI
à la barre de la Convention. — La Dernière entrevue de
Louis XVI avec sa famille. — Louis XVI et son confesseur
un instant avant sa mort. Suite de quatre pièces in-fol.,
gravées par Cardon, Vendramini et Schiavonetti.
Très belles épreuves *imprimées en couleurs* (légères
mouillures).

Benazech, Raoux, Vien (D'après)

3 — Le Retour du laboureur, par INGOUF. — Vestales,
4 pl. (sans marges). Cinq pièces.
Bonnes épreuves, coloriées.

Boilly (D'après LOUIS)

4 — L'Amant poète. — L'Amant musicien. Deux pièces
par J.-P. LEVILLY, faisant pendants.
Très belles épreuves *imprimées en couleurs*.

5 — L'Amour couronné, par CAZENAVE.
Épreuve coloriée; remmargée.

6 — Le Bouquet chéri. — L'Heure désirée. Deux pièces par ALEX. CHAPONNIER, faisant pendants, la seconde d'après J.-S. Fournier.
Superbes épreuves *imprimées en couleurs*. Rares.

7 — La Crainte mal fondée, par MIXELLE.
Très belle épreuve *imprimée en couleurs*.

8 — La Douce impression de l'harmonie. — Suite de la Douce impression de l'harmonie. Deux pièces par F.-J. WOLFF.
Très belles épreuves *imprimées en couleurs*.

9 — La Douce résistance. — On la tire aujourd'hui. Deux pièces par S. TRESCA, faisant pendants.
Belles épreuves *imprimées en couleurs*.

10 — L'Optique, par F. CAZENAVE.
Très belle épreuve, coloriée.

11 — *Que ni est-il encore?* par PETIT.
Bonne épreuve, coloriée.

12 — Le Sommeil trompeur. — Le Réveil prémédité. Deux par F.-J. WOLFF, faisant pendants.
Très belles épreuves *imprimées en couleurs*.

Bonnefoy (JACQUES)

13 — Lot et ses filles. — Samson et Dalila. Deux pièces d'après Guercino et Le Barbier, faisant pendants.
Belles épreuves *imprimées en couleurs*.

Bonnet (L.-M.)

14 — Jeune femme en buste.
Très belle épreuve *avant toute lettre*, tirée en deux tons. Rare.

15 — Bouquets de roses, reines-marguerites, tulipes, etc. Deux pièces d'après Carle.
Très belles épreuves *imprimées en couleurs*. Rares.

Borel (D'après Ant.)

16 — L'Innocence en danger, par F. Huot, 1792.
Très belle épreuve *avant la dédicace*.

Boucher (D'après F.)

17 — Vénus et les Amours, par R. Gaillard. — Les Amu
sements de l'hiver, par Daullé. Deux pièces.
Belles épreuves, coloriées.

Debucourt (P.-L.)

18 — Almanach National pour l'année !791 (M. Fenaille, 26).
Très belle épreuve *imprimée en couleurs*, avant les
trois points sous les lettres prénominales de l'artiste.
Très rare.

19 — Jouis tendre mère (M. Fenaille, 58).
Très belle épreuve imprimée en couleurs et coloriée,
d'un *état non décrit*, intermédiaire entre le second et le
troisième : on lit *joui* au lieu de *jouis*. Très rare.

20 — L'Heureuse famille, par Robinson (M. Fenaille, 62).
Très belle épreuve, coloriée. Rare.

21 — Route du marché, d'après C. Vernet (M. Fenaille, 409).
Très belle épreuve, coloriée.

22 — Passez, payez. — La Marchande de saucisses. — Il n'y
a pas de feu sans fumée. — Hussard français. — La
Promenade? Cinq pièces d'après C. Vernet.
Belles épreuves, coloriées, sauf une.

Divers

23 — Le Lion de Florence, par Cazenave, d'après Monsiau.
— Scènes mythologiques, par Ang. del Bon. — Pallas et
la Victoire. — Lindore et Eucharis, par Suntach et

SLOANE. — Vénus. — Piège tendu par l'Amour, d'après
Collet.
Sept pièces *imprimées en couleurs ou coloriées.*

24 — Arrestation de Robespierre. — Napoléon Ier et Marie-
Louise traversant la galerie du Louvre. — Napoléon Ier.
— Louis-Philippe et sa famille. — Édouard en Écosse. —
L'Atelier d'Horace Vernet. — Spectacle donné à Venise
au grand-duc de Russie, le 22 janvier 1782. — Orbe, en
Suisse. Huit pièces, la plupart coloriées. *Ce numéro
pourra être divisé.*

Eisen père (D'après F.)

25 — L'Amour en ribote. — Les Dragons de Vénus. Deux
pièces par L. HALBOU, faisant pendants.
Belles épreuves, coloriées.

Greuze (D'après J.-B.)

26 — Le Malheur imprévu, par R. de LAUNAY. — Plegaria
el Amor, par MOLÈS. Deux pièces.
Belles épreuves, coloriées.

Hopner (D'après)

27 — *Diane*, par DAVID WEISS.
Belle épreuve *imprimée en couleurs et coloriée.*

Huet (D'après J.-B.)

28 — *Ce qui est bon à prendre est bon à garder*, par A. CHA-
PONNIER.
Bonne épreuve de l'ancienne réimpression, coloriée.

Huet père (D'après)

29 — Jupiter et Léda. — Le Triomphe de Jupiter. Deux
pièces, par GABRIEL et CHAPONNIER, faisant pendants.
Très belles épreuves *imprimées en couleurs.*

Isabey (D'après J.-B.)

30 — Napoléon le Grand, par Louis RADOS. Grand in-fol.
Épreuve coloriée.

Jugel (J.-F.)

31 — Le Départ. — Le Retour. Deux pièces d'après Seele,
faisant pendants.
Belles épreuves, coloriées.

Kauffmann (D'après ANGELICA)

32 — L'Amour et l'Amitié, par TOUVENIN. — Retour d'Armi-
nius, par DURMER. Deux pièces.
Belles épreuves, la première *imprimée en couleurs*.

Lavreince (D'après NIC.)

33 — *Les deux Cages ou la plus heureuse*, par DE BRÉA
(E. B., 19).
Très belle épreuve, coloriée.

34 — La Sentinelle en défaut, par DARCIS (E. B., 58).
Très belle épreuve *imprimée en couleurs*, avec la première adresse.

35 — La Sentinelle en défaut (58). — L'Accident imprévu (1). Deux pièces par DARCIS, faisant pendants.
Belles épreuves *imprimées en couleurs*.

Le Prince (D'après J.-B.)

36 — La Précaution inutile, par HELMAN. — Femme de
chambre russe, par BONNET. Deux pièces.
Bonnes épreuves.

Mallet (D'après)

37 — La Nouvelle intéressante, par J.-M. MIXELLE.
Très belle épreuve *imprimée en couleurs*.

Mayer (D'après Mlle S.)

38 — L'Innocence préfère l'Amour à la Richesse, par B. Ro-
GER.
Belle épreuve, coloriée.

Moreau le jeune (D'après J.-M.)

39 — Les Adieux. par R. DE LAUNAY.
Belle épreuve, coloriée.

Northcote (D'après JAMES)

40 — Petite Fruitière anglaise, par TH. GAUGAIN. Ovale
in-fol.
Très belle épreuve, coloriée.

Pellegrini (D'après)

41 — L'Heureuse Réunion (Louis XVII réuni à sa famille
dans le ciel), par L. SCHIAVONETTI. 1800.
Très belle épreuve, coloriée.

Ruotte, Perrot, Simon

42 — Evelina, d'après P. S. — La Musique, d'après Fleury.
— Constance, d'après Pierre. Trois pièces.
Belles épreuves *imprimées en couleurs*.

Sanzio (D'après RAPHAEL)

43 — La Belle Jardinière, par S. LOUISON. — Les Vertus
théologales, par HENRY. Quatre pièces.
Belles épreuves *imprimées en couleurs*.

Schall (D'après F.)

44 — L'Amant surpris, par DESCOURTIS.
Très belle épreuve *imprimée en couleurs*.

45 — Les Désirs de l'Amour. — Les Plaisirs de l'Hymen.
Deux pièces par **A. Le Grand.**
Bonnes épreuves *imprimées en couleurs.*

46 — Le Garde-Chasse scrupuleux ou le Nid découvert, par
A. Le Grand.
Belle épreuve *imprimée en couleurs et coloriée.*

47 — Le Premier Baiser de l'Amour. — Le Rocher de Meil-
lerie. Deux pièces par A. Le Grand, faisant pendants.
Très belles épreuves *imprimées en couleurs.*

48 — Histoire de Paul et Virginie. Suite de six pièces par
C.-M. Descourtis.
Belles épreuves *imprimées en couleurs.*

Scheneau, Briard, Van Loo (D'après)

49 — L'Aventure fréquente. — Le Devin de village. —
L'Amour menaçant. Trois pièces par Halbou, Jourd'heuil
et de Mechel.
Belles épreuves, coloriées.

Schiavonetti (D'après L.)

50 — *Maternal instruction*, par I. Geremia.
Bonne épreuve, coloriée.

51 — La Leçon maternelle. — La Joie enfantine. Deux
pièces par A. Le Grand, faisant pendants.
Belles épreuves, coloriées.

Sherwin (D'après J.-K.)

52 — La Danse de village, par A. Chaponnier.
Très belle épreuve *imprimée en couleurs.*

53 — La Danse de village. — Le Village abandonné. Deux
pièces par A. Chaponnier, faisant pendants.
Belles épreuves *imprimées en couleurs.*

Sicardi (D'après)

54 — *Oh! che Fortuna! — Oh! che Gusto! — Oh! che Boccone! — Come la trovate?* Quatre pièces de forme ovale, par COPIA et BOUQUET, faisant pendants.
Belles épreuves *imprimées en couleurs.*

55 — *Ah! quel plaisir. — Oh! quelle douleur.* Deux pièces par MÉCOU, faisant pendants.
Belles épreuves *imprimées en couleurs* et coloriées.

Vangelisti (VINCENZO)

56 — Caroline Wuiet, actrice, en prêtresse de l'Amour.
Épreuve *avant toute lettre,* coloriée.

Vernet (D'après CARLE)

57 — Départ du chasseur. — Chasseur à l'affût. Deux pièces par JAZET, faisant pendants.
Très belles épreuves, coloriées.

Wille fils (P.-A.)

58 — Petit Waux-hall.
Belle épreuve à toutes marges, coloriée.

TABLEAUX

ALONSO PEREZ

59 — *La Déclaration.*

> Signé à droite, en bas.

> Panneau. Haut., 41 cent.; larg., 33 cent.

ARANDO

60 — *Lever de lune.*

> Signé à gauche, en bas.

> Toile. Haut., 68 cent.; larg., 91 cent.

BONVIN

61 — *Nature morte.*

> Signé à droite, en bas, et daté : 72.

> Toile. Haut., 75 cent.; larg., 45 cent.

BONVIN

62 — *Poire et pomme.*

> Signé à gauche, en bas.

> Toile. Haut., 22 cent.; larg., 27 cent.

CALS

63 — *Bouquet de fleurs.*

>   Signé à droite, en bas.

>> Panneau. Haut., 21 cent.; larg., 15 cent.

CHERRER (J.)

64 — *Lulli enfant.*

>   Signé à gauche, en bas.

>> Toile. Haut., 83 cent.; larg., 64 cent.

CHRÉTIEN (R.)

65 — *Nature morte.*

>   Signé à droite, en bas.

>> Toile. Haut., 38 cent.; larg., 46 cent.

CHRÉTIEN (R.)

66 — *Pommes et fromages.*

>   Signé à droite, en bas.

>> Toile. Haut., 33 cent.; larg., 41 cent.

COROT (Attribué à)

67 — *Paysage.*

>   Signé à gauche, en bas.

>> Toile. Haut., 25 cent.; larg., 33 cent.

COUDER (Alexandre)

68 — *Pêches, prunes et raisins.*

Signé à droite, en bas.

Toile. Haut., 53 cent.; larg., 64 cent.

CRŒGAERT (Georges)

69 — *La Femme aux plumes de paon.*

Signé à gauche, en bas.

Panneau. Haut., 32 cent.; larg., 24 cent.

DELPY

70 — *Le Repos du moissonneur.*

Signé à droite, en bas.

Panneau. Haut., 24 cent.: larg., 33 cent.

DESCHAMPS (Louis)

71 — *Effeuillant la marguerite.*

Signé à droite, en bas, et daté : 72.

Toile. Haut., 56 cent.: larg., 40 cent.

DESCHAMPS (Louis)

72 — *Harpagon.*

Signé à droite, en bas.

Toile. Haut., 54 cent.: larg., 45 cent.

DULUARD

73 — *Seigneur Louis XIII.*

Signé à droite, en haut, et daté : 72.

Panneau. Haut., 61 cent.; larg., 50 cent.

DUPRAY (H.)

74 — *Douaniers Ier Empire.*

Signé à gauche, en bas.

Panneau. Haut., 24 cent.; larg., 32 cent.

GARNIER (Jules)

75 — *Le Repas des Ribaudes et des Truands.*

Signé à gauche, en bas.

Panneau. Haut , 36 cent.; larg., 52 cent.

GROLLERON

76 — *Astiquant sa cuirasse.*

Signé à droite, en bas.

Panneau. Haut., 36 cent.; larg., 27 cent.

HUBER

77 — *Rougets et crevettes.*

Signé à droite, en bas.

Panneau. Haut., 30 cent.; larg., 46 cent.

HUGUET (Victor)

78 — *La Caravane dans la plaine.*

Signé à droite, en bas.

Toile. Haut., 38 cent.; larg., 54 cent.

ISABEY (Attribué à Eug.)

79 — *Le Bateau abandonné.*

Toile. Haut., 35 cent.; larg., 62 cent.

JAPY

80 — *La Rentrée du troupeau.*

Signé à droite, en bas, et daté : *98.*

Toile. Haut., 64 cent.; larg., 80 cent.

JAPY

81 — *Le Printemps.*

Signé à droite, en bas.

Toile. Haut., 61 cent.; larg., 72 cent.

JAPY

82 — *Pâturage au bord de la mer.*

Signé à droite, en bas, et daté : *92.*

Toile. Haut., 1 m. 35; larg., 1 m.

JAPY

83 — *Jeune Bergère et son troupeau.*

Signé à droite, en bas, et daté : *88*.

Toile. Haut., 46 cent.; larg., 56 cent.

JAPY

84 — *Le Verger en fleurs.*

Signé à droite, en bas.

Panneau. Haut., 32 cent.; larg., 41 cent.

JOYANT (Jules)

85 — *Vue du Forum, à Rome.*

Signé à droite, en bas.

Toile. Haut., 32 cent.; larg., 24 cent.

KRATKÉ (L.)

86 — *Napoléon Ier.*

Signé à droite, en bas, et daté : *97*.

Panneau. Haut., 27 cent.; larg., 22 cent.

LEMAIRE (Madeleine)

87 — *La Lecture de la lettre.*

Signé à gauche, en bas.

Toile. Haut., 56 cent.; larg., 42 cent.

MERLIN

88 — *Nichée de jeunes chats.*

Signé à droite, en bas.

Toile. Haut., 38 cent.; larg., 46 cent.

PARIS (Eugène)

89 — *Huîtres et crevettes.*

Signé à gauche, en bas.

Panneau. Haut., 18 cent.: larg., 32 cent.

PASINI

90 — *Cavaliers persans dans un parc.*

Signé à droite, en bas, et daté : 58.

Toile. Haut., 26 cent.; larg., 46 cent.

PICARD (Edmond)

91 — *Les Adultères.*

« Le prince de Venouse, ayant descouvert sa
« emme avec le comte Adriane, dont elle estait
« énamourachée, les fit tuer par gens appostez, jeter
« à la rue, où on les trouva au matin morts et
« froids. » — BRANTÔME.

Signé à gauche, en bas, et daté : *1886.*

Toile. Haut., 3 m. 30 ; larg., 2 m. 70.

PICARD (Edmond)

92 — *Le Repos du soir.*

Signé à droite, en bas, et daté : *1890.*

Toile. Haut., 2 m. 10 ; larg., 2 m. 74.

PICARD (Edmond)

93 — *Pendant le bal.*

Signé à droite, en bas : *1889.*

Toile. Haut., 2 mètres ; larg., 2 m. 50.

PICARD (Edmond)

94 — *Les Vanniers.*

Signé à gauche, en bas : *1888.*

Toile. Haut., 2 mètres ; larg., 2 m. 45.

PICARD (Edmond)

95 — *L'Envoûtement.*

Signé à gauche, en bas.

Toile. Haut., 1 m. 82 ; larg., 1 m. 35.

PICARD (Edmond)

96 — *Les Femmes et le secret.*

Signé à gauche, en bas : *1897.*

Toile. Haut., 1 m. 76 ; larg., 1 m. 35.

PICARD (Edmond)

97 — *Drame intime.*

(Salon de 1898.)
Signé à gauche, en bas : *1898.*

Toile. Haut., 1 m. 30 : larg., 97 cent.

PICARD (Edmond)

98 — *Moment d'angoisse.*

Signé à droite, en bas : *1885.*

Toile. Haut., 2 m. 85 : larg.. 2 m. 20.

PICARD (Edmond)

99 — Étude pour le tableau : *Drame intime.*

Toile. Haut., 60 cent.: larg.. 50 cent.

PICARD (Edmond)

100 — *L'Homme au coq.*

Panneau. Haut.. 32 cent.: larg., 24 cent.

PICARD (Edmond)

101 — *Les Bords de l'Ain, à Champagnolles.*

Toile. Haut., 55 cent.: larg., 46 cent.

PICARD (Edmond)

102 — Étude pour le tableau : *Douce attente*.

(Ministère des Finances.)

Toile. Haut., 55 cent.: larg., 46 cent.

PICARD (Edmond)

103 — Étude pour le tableau : *Le Vieil habitué*.

Toile. Haut., 92 cent.; larg., 73 cent.

PICARD (Edmond)

104 — *Le Vieux port de Villefranche.*

Signé à droite, en bas.

Toile. Haut., 38 cent.: larg., 46 cent.

PICARD (Edmond)

105 — *Le Corps de garde.*

Signé à droite, en bas : *1881*.

Toile. Haut.. 61 cent.; larg., 38 cent.

PICARD (Edmond)

106 — *Tête de vieille femme.*

Toile. Haut., 55 cent.; larg., 46 cent.

PICARD (Edmond)

107 — *La Marchande de plaisirs.*

Toile. Haut., 60 cent.; larg., 46 cent.

PICOU (Henry)

108 — *Danses profanes.*

Signé à droite, en bas, et daté : *69*.

Toile. Haut., 55 cent.; larg., 80 cent.

QUOST (E.)

109 — *Le Bouquet d'iris.*

Signé à gauche, en bas.

Toile. Haut., 88 cent.; larg., 53 cent.

SISLEY

110 — *Louveciennes.*

Esquisse.
Signé à droite, en bas, et daté : *73*.

Toile. Haut., 98 cent.; larg., 1 m. 28.

VAYSON

111 — *La Pitance aux hôtes de la basse-cour.*

Signé à droite, en bas.

Toile. Haut., 60 cent.; larg., 81 cent.

VEYRASSAT (Attribué à)

112 — *Au Printemps.*

Signé à gauche, en bas.

Panneau. Haut., 21 cent.; larg., 29 cent.

VOGLER (P.)

113 — *Moissonneuse aux champs.*

Signé à gauche, en bas.

Toile. Haut., 98 cent.; larg., 1 m. 30.

Aquarelles

BOUDIN

114 — *Scheweningue. Marine.*

> A droite, en bas, timbre de la vente.

BREITNER

115 — *Distribution de vivres, à Londres.*

> Signée à droite, en bas.
>
> Aquarelle rehaussée de gouache.

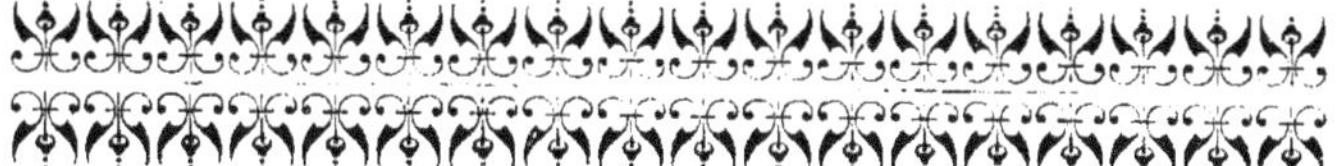

Dessins & Pastels

B. L.

116 — *Portrait d'homme.*

Pastel.

Haut., 55 cent.; larg. 41 cent.

BOULANGER

117 — *Les travaux de la moisson.*

A droite, en bas, timbre de la vente.

BOULANGER

118 — Quatre croquis dans un même cadre.

A droite, en bas, timbre de la vente.

BOULANGER

119 — *Dans l'Atrium.*

A gauche, en bas, timbre de la vente.

BOULANGER

120 — *Le Rapt.*

> A gauche, en bas, timbre de la vente. :

COUTURE (Attribué à Th.)

121 — *Portrait.*

> A droite, les initiales *T. C.*

GUILLAUMET (G.)

122 — *Bourriquots arabes.*

> Signé à droite, en bas.

KIORHAN

123 — *Au Chenil.*

> Pastel.

PILLE (Henri)

124 — *La Sortie de l'église.*

> Signé à droite, en bas.
> Dessin à l'encre de Chine, rehaussé de pastel.